Herstellung und Verlag : BoD - Books on Demand, Norderstedt
ISBN 9783735720207

Dieses Gestöber aus Licht

Reigen 2005/2012

Zwei Dialoge
von Erich Reißig

Reigen 2005
Die Schlangengrube

Personen:
Stefan
Olga
Franz
Mathilde

Zeit;
Nach der Jahrtausendwende

Stefan:
Eintausendeinhundertfünf, Eintausendeinhundertsechs...

Olga:
Zählst du wieder?

Stefan:
Allein der Mensch, der Geld zählen kann, hat Leben.
Eintausendeinhundertsieben, Eintausendeinhundertacht...

Olga:
Einen Teil davon sollten wir anlegen, meinst du nicht?

Stefan:
Bist du wahnsinnig!
Geld legt man nicht an.
Geld, das arbeitet, wird müde, wie der Mensch.
Mein Geld bleibt daheim.

Olga:
Unser Geld.

Stefan:
So lange ich lebe, ist es meins und wird nicht angerührt.

Olga:
Wo wäre der Sinn von Geld, wenn man es nicht ausgeben würde.

Stefan:
Geld hat keinen Sinn.
Es hat einen Wert.

Olga:
Das verstehe ich nicht.

Stefan:
Das ist mir klar.

Olga:
Du liebst das Geld mehr als mich.

Stefan:
Stärker.

Olga:
Was stärker?

Stefan:
Es heißt: du liebst das Geld stärker als mich.

Olga:
So ein Quatsch!

Stefan:
Leute, die kein Geld haben, können nicht vernünftig über Geld reden.

Olga:
Wenn ich dein Geld mehr lieben würde als dich, hätte ich dich dann geheiratet?
Ich hätte es dir weggenommen und basta.

Stefan:
Stärker.

Olga:
So habe ich dich und das Geld.

Stefan:
Das Geld hast du nicht.

Olga:
Hab ich doch.
Das wäre ja noch schöner.
In der Ehe wird alles geteilt.
Zumindest die Hälfte gehört mir.

Stefan:
Geld teilt man nicht, man vermehrt es.
Weil die meisten das nicht verstehen, deswegen gehen sie zugrunde.

Olga:
Na sowas.
Zugrunde geht der Mensch, der ohne Liebe lebt.

Stefan:
Die meisten gehen am Geld zugrunde.

Olga:
Das ist hart.

Stefan:
Die Erfahrung macht hart.

Olga:
Aber du liebst mich?

Stefan:
Ich...

Olga:
Sag, daß du mich liebst

Stefan:
Ich...

Olga:
Beim Geldzählen bist du schneller

Stefan:
Ich..

Olga:
Und sprachgewandter.
Du denkst nur an dich.

Stefan:
Was...

Olga:
Was ist was?

Du brauchst doch nur zu sagen, ich liebe dich.
Fällt dir das so schwer?

Stefan:
Ich...

Olga:
Du machst mich irre mit deinem Ich.

Stefan:
Du...

Olga:
Jetzt soll ich schuld sein?

Stefan:
Tragen.

Olga:
Was tragen?

Stefan:
Schuld tragen

Olga:
Ich trage keine Schuld.
Ich trage Kleider.

Stefan:
Blödsinn.

Olga:
Wieso?
Soll ich mich ausziehen?

Stefan:
Du verstehst mich nicht.

Olga:
Du meinst, wer kein Geld hat, hat selber Schuld?

Stefan:
Gehabt hat

Olga:
Na meinetwegen gehabt hat.

Stefan:
Was gehabt hat?

Olga:
Na Geld gehabt hat, davon reden wir doch.

Stefan:
Geld ist das Blut der Welt.

Olga:
Wenn es weg ist, ist es nimmer.

Stefan:
Geld ist immer.

Olga:
Na wirklich?
Also glaub mal.
Denk an den Euro, da ist schon der Name zum Erbrechen.

Stefan:
Auch der wird werden.

Olga:
Leicht gesagt.
Und dann noch Cent.
Jetzt haben wir grad die Rechtschreibreform gehabt und sollen Cent
mit C schreiben.
Jeder vernünftige Mensch würde es doch mit Z schreiben.
Das ist doch alles komplett bescheuert.

Stefan:
Das sagst du.

Olga:
Einer muß es ja sagen.
Wir sollten Aktien kaufen, Fonds.

Stefan:
Einen Teufel werd ich.

Olga:
Alle machen es.

Stefan:
Ich nicht, ich behalte mein Geld.

Olga:
Es wird nicht mehr, wenn du es wieder und wieder zählst.

Stefan:
Aber ich weiß genau, wieviel ich besitze.

Olga:
Wieviel?

Stefan:
Dreihundertsechszehntausend genau.
Münzen nicht gerechnet.

Olga:
Dreihundertsechszehn nur?

Stefan:
Ich habe Zigaretten gekauft gestern.
Die Räuber verlangen immer mehr für eine Packung.

Olga:
Von den Zinsen...?

Stefan:
Ich will keine Zinsen.
Ich will die Scheine fühlen, riechen, betasten, sie zerknittern,
glattstreichen.

Kein Zinssatz bereitet mir solch ein Vergnügen.
Die verdummen die Menschen mit ihren Zinsen.
Zinsen. Pah!

Olga:
Andere lieben Zinsen.

Stefan:
Ich nicht, ich liebe mein Geld.

Olga:
Aber die Liebe....

Stefan:
Warum fängst du jetzt von der Liebe an?

Olga:
Liebe ist schön.
Ich rede gern über die Liebe.

Stefan:
Wer über die Liebe redet, hat keine Liebe

Olga:
Wieviel gibst du mir für meine Liebe?

Stefan:
Liebe ist kein Handelsobjekt.

Olga:
Alles worüber der Mensch verfügt, ist Handelsobjekt.

Stefan:
Der Mensch verfügt nicht über die Liebe.

Olga:
Geld läßt die Menschen auch nicht glücklicher werden.

Stefan:
Mich schon.

Olga:
Schau ich von meinem Fenster über das Pflaster zum Markt, dann höre ich die Rufe der Betrunkenen und ahne, daß es noch vieles gibt, das ich nicht weiß.

Stefan:
Geld hält alles zusammen.

Olga:
Ich fürchte mich.

Stefan:
Dreihunderttausend und du fürchtest dich?
Warum?

Olga:
Der graue Gast streicht um unser Haus.

Stefan:
Von wem redest du?

Olga:
Nachts höre ich sein Rufen.

Stefan:
Nachts schlafe ich.

Olga:
Ich sehe die Fliegen die Laterne umkreisen.
Weiß steht ihr Glas im Schwarz.
Von unheimlicher Macht dort angebracht.

Stefan:
Arbeiter haben die Laterne aufgestellt und die Leitungen gelegt.
Und ein Kraftwerk liefert den Strom.
Das ist alles.

Olga:
Wenn ich im Nachtkleid hinüberschaue, wird sie zum Gebilde an sich.

Stefan:
Es gibt kein Ding an sich.
Alles hat eine Ursache.

Olga:
Das willst du so haben, weil nichts anders sein darf, als
deinesgleichen die Welt versteht.
Aber es ist.

Stefan:
Nichts ist, was ich nicht will, daß es sei.
Ich bin ein Verräter an der Welt, an ihren Zuständen.
Ich schaffe mir die Mittel ihnen zu entkommen.
Mein Geld und meine Wendigkeit.
Mich hält kein Ort.
Ich kenne kein Haus, keine Stadt und kein Vaterland.

Olga:
Arm bist du, o Mensch!

Stefan:
Ich bin einem Bettler gleich.
Bettler sind frei.
Sie bindet nichts.

Olga:
Dich bindet dein Geld, das du in der Schublade versteckst.

Stefan:
Das Geld macht mich frei.

Olga:
Du brauchst es.

Stefan:
Ich habe es erworben, fasse es und zähle es.

Olga:
Gib es mir, dann bist du frei.

Stefan:
Deine Zeit ist noch nicht.

Olga:
Es ist unser beider Zeit.

Stefan:
Dann begnüge dich, daß ich es habe.
Du entbehrt nichts.
Noch nicht einmal das, was du an mir Unfreiheit nennst.

Olga:
Ich liebe dich.

Stefan:
Sei zufrieden, daß du alles hast, was du brauchst.

Olga:
Ängstige ich mich deswegen so?

Stefan:
Ängstigt sich der Regen, wenn er auf die Erde fällt?

Olga:
Sie brauchen einander, damit Leben ist.

Stefan:
So leben auch wir.

Olga:
Wenn du das Leben nennst.

Stefan:
Was fällt dir besseres ein?

Olga:
Wir sitzen im Haus herum, reden, schweigen, essen, schauen fern
und legen uns ins Bett.
Tagaus, tagein.
Die ewige Wiederkehr

Stefan:
Auch andere erleben nicht mehr.

Olga:
Volker ist aus dem Haus.
Selten ruft er uns an.

Stefan:
Kinder laufen fort.

Olga:
Dafür habe ich ihn nicht großgezogen, daß er mich jetzt alleine läßt.

Stefan:
Wenn du ihn wirklich brauchen wirst, wird er zur Stelle sein.

Olga:
Er denkt nur an sich.

Stefan:
Er muß an sich denken.
Es führt sein eigenes Leben.

Olga:
Aber ich liebe ihn.
Er ist mein Sohn.

Stefan:
Er liebt dich auch.
Deswegen musste er gehen.

Olga:
Auch du bist nicht hier.

Stefan:
Ich sitze neben dir.

Olga:
Und zählst dein Geld.

Stefan:
Ich zähle mein Geld.

Olga:
Ist das alles, was uns vom Leben blieb?

Stefan:
Da Leben gibt, was man sich nimmt.

Olga:
Ich vermisse dein Lachen, den Tanz.
Du warst anders, als du noch jünger warst.
Hattest Pläne.
Freunde kamen ins Haus.

Stefan:
Wir verloren sie alle.

Olga:
Warum?

Stefan:
Sie fanden andere Menschen und bessere Orte.

Olga:
Ich wollte sie halten, doch etwas trieb sie von uns weg.

Stefan:
Vielleicht genügten wir ihnen nicht mehr.

Olga:
Du kehrtest dich von ihnen ab.

Stefan:
Hieß ich allein sie gehen?

Olga:
Ich erinnere mich nicht.

Stefan:
Weder ich.

Olga:
Sie gingen und meine Hoffnung schwand.

Stefan:
Jeder Winter mit seinen kalten Tagen, trägt Hoffnung auf Frühling in sich.

Olga:
Ich weiß, doch kein anderer als du streift so verloren durch den Tag.

Stefan:
Ich bin nicht verloren.

Olga:
Wir können einander nicht berühren.
Du kannst es nicht.

Stefan:
Ich berühre mein Geld.

Olga:
Du verbirgst es nur.
Wie arm du bist.

Stefan:
Ich verdiene deinen Spott.

Olga:
Es ist kein Spott.
Merkst du das nicht?
Schlag nur einmal noch die Augen auf.
Spürst du denn wirklich nicht, daß ich dich liebe?

Stefan:
Daß Eine mich lieben kann.

Olga:
Jeder Mensch hat jemanden, der ihn liebt.

Stefan:
Daran glaube ich nicht.

Olga:
Warum kann ich dich nicht berühren?

Stefan:
Nie berührt einer den andern.

Olga:
Doch.

Stefan:
Man berührt allein sich selbst.

Olga:
Du bist ein Narr!
Nimm mich in den Arm.

Stefan:
Ich fürchte mich.

Olga:
Fürchtet sich der Regen, wenn er auf die Erde fällt?

Stefan:
Vielleicht fürchtet er sich.
Vielleicht ist es seine Bestimmung.
Ich weiß nichts.
Die Welt ist mir abhanden gekommen.
Ich spüre die stechenden Blicke der anderen, wenn ich zur
Bushaltestelle laufe.
Ich höre sie reden, wenn ich neben ihnen stehe.
Selbst bei der Arbeit weiß ich, daß sie hinter meinem Rücken ihre
Mäuler zerreißen.
Sie verachten mich.

Olga:
Sie beschäftigen sich gar nicht mir dir.

Stefan:
Immerfort.

Olga:
Vielleicht bewundern sie dich.

Stefan:
Was gäbe es an mir zu bewundern?

Olga:
Du bist gut in deinem Beruf.

Stefan:
Meine Arbeit! ?
Der Mensch ist austauschbar.

Olga:
Aber du führst sie aus.

Stefan:
Recht und schlecht.

Olga:
Warum sagst du das?

Stefan:
Du sagst es selbst.

Olga:
Ich verachte das Geld, das du zählst.

Stefan:
Es ist das Geld, das von meiner Arbeit bleibt.

Olga:
Geld ist zu wenig.

Stefan:
Über Dreihunderttausend.
Das ist genug.
Olga:
Es zählt nicht, wenn man keine Liebe hat.

Stefan:
Du bist bei mir.

Olga:
Bin ich das?

Stefan:
Ich weiß es nicht.
Wer sonst?

Olga:
Du weißt es nicht?

Stefan:
Nein.

Olga:
Ich wollte fortgehen.
Viele Male schon

Stefan:
Ich weiß.

Olga:
Vielleicht hätte ich damit unser Leben gerettet.

Stefan:
Ich wollte nicht, daß es so wird.

Olga:
Wie wird?

Stefan:
Daß wir uns aufeinander verlassen.

Ich will mich auf niemanden verlassen.

Olga:
Keiner kann nur für sich alleine sein.

Stefan:
Ich muß es.

Olga:
Warum du?

Stefan:
Ich weiß es.

Olga:
Du hast mich schrecklich in Stich gelassen.

Stefan:
Wahrscheinlich.

Olga:
Ganz gewiß..

Stefan:
Ich kann die Jahre nicht streichen.

Olga:
Möchtest du es denn?

Stefan:
Nein.

Olga:
Warum grämst du dich dann?

Stefan:
Ich gräme mich nicht.
Du grämst dich.

Olga:
Die Leute?

Stefan:
Welche Leute?

Olga:
Die Leute, die du über dich reden hörst.
Sie reden nicht über dich.
Der eine fährt zum Zahnarzt, ein anderer geht zum Bäcker.
Eine Mutter besucht ihren kranken Sohn.
Vielleicht ist ein Bankdarlehen gekündigt worden.
Der Mann mit dem braunen Hut überlegt, wohin er mit seiner
Familie in den Urlaub fahren kann., wie wir es einst machten.
In Portofino war Volker noch klein und lief an deiner Hand.
Er zog dich zu dem Händler und du kauftest ihm den grüngelben
Fischerkahn.

Stefan:
Du erinnerst dich daran?

Olga:
Er trieb weit in die Bucht hinaus, nachdem ihr ihn ins Wasser
gesetzt hattet.

Stefan:
Es gab keine Wellen.
Ein klein wenig Wind ließ ihn zurückkehren zum Strand.
Blaugelb war der Sand, glaub ich.

Olga:
Grün.

Stefan:
Es gibt keinen grünen Sand.

Olga:
Eine Woche lang blieben wir in dem Hotel am Hafen.

Stefan:
Die weiße Käsekugel würgte ich ohne alles hinunter, weil ich kein
Fleisch essen wollte.
Glitschig, kalt, wie Kaugummi und ohne Geschmack.
Der Wirt und seine Frau schauten beständig zu unserem Tisch und
werden sich gewundert haben über solch trübe Gäste.

Olga:
Volker rannte im Raum herum.
Sie schenkte ihm ein paar Stangen Gebäck.
Sie waren nicht unfreundlich.

Stefan:
Wir tranken Wein.
Er versöhnte mich mit dem Mahl.

Olga:
An diesem Abend liefen wir noch einmal zum Hafen und schauten
den Fischkuttern hinterher.

Stefan:
Sie blieben die Nacht über auf dem Meer und würden erst in der
Dämmerung wieder heimkehren.

Olga
Du sagtest, du würdest gerne einmal mit ihnen fahren.

Stefan:
Verwehte Träume aus Kindheitstagen.
Solche Arbeitszeiten sind nicht mein Fall.

Olga:
Daß du auch über dich lachen kannst.

Stefan:
Wenn du mich an solche Abenteuer erinnerst.

Olga:
Eine Reise.

Stefan
Ich weiß gar nicht mehr, daß es dies einmal gab.

Olga;
Es gab noch andere und anderes.

Stefan:
Mag sein.

Olga:
Du hast viel vergessen.

Stefan:
Wahrscheinlich.

Olga:
Du hast auch vergessen, daß du dort die Kette gekauft hast, die ich jetzt trage.

Stefan:
Diese?
Ist dir deshalb die Reise eingefallen?

Olga:
Ich erinnere mich oft und an vieles, wenn ich dir beim Zählen zusehe.
Ich hasse es, ich hasse dein Geld, und ich hasse, daß du es zählst.
Ich hasse das, was dich so werden ließ.

Stefan:
Wie werden ließ?

Olga:
Du weißt es selbst.

Stefan:
Nichts weiß ich.
Gar nichts.

Olga:
Du weißt alles.
Und das macht mir Angst.
Angst vor dir.
Vor der Zukunft.
Und auch vor mir selbst.
Du weißt, daß Volker fortgegangen ist und nicht mehr heimkehren wird.

Stefan:
Er wird einmal sein Erbe antreten.

Olga:
Bist du dir da gewiß?

Stefan:
Er wäre ein Narr, wenn er es ausschlagen würde.

Olga:
Klug wäre er.
Klüger, als wir es sind.
Dessen bin ich mir sicher.

Stefan:
Vielleicht versteht er es besser.
Ich weiß es nicht.
Das Denken fällt mir schwer, vielleicht weil ich fortwährend grübeln muß.

Olga:
Auch ich grübele vor mich hin.

Stefan:
Ich drehe mich im Kreis, glaube die Lösung zu packen und fange von vorne an.
Ich sehe kein endgültiges Ziel.

Olga:
Das glaube ich dir.

Stefan:
Weißt du es denn?

Olga:
Vielleicht.
Stefan:
Dann geht es dir besser als mir.

Olga:
Nein, verzweifelt bin ich.

Stefan:
Du trägst die Kette.

Olga:
Tand.

Stefan:
Sag das nicht.

Olga:
Dann wehre dich.

Stefan:
Wie soll ich mich wehren?
Wozu?

Olga:
Wie jeder andere auch.

Stefan:
Ich weiß nicht wie die anderen es tun.
Sehe es noch nicht einmal bei dir.
Wie soll ich mich dann wehren?
Wehren!
Ich weiß nicht, was das ist.
Ich kann mich nicht wehren.
Ich muß alles geschehen lassen.
Immer.

Olga:
So könnte ich auch sprechen.

Stefan:
Dann mach es!

Olga:
Was hilft es mir, uns?

Stefan:
Eintaunsendeins... Eintausendeinhundertzwei...

Olga:
Du zählst wieder?

Stefan:
Die Zeit rinnt auch durch den rauesten Tag.

Olga:
Hamlet?

Stefan:
Macbeth.

Franz:
Der Pfeifenkopf stieg in der Maximilianstraße ein und brüllte, er wolle den schwulen Pfaffen schon Beine machen.
Er schrie, ich solle ihn zum Finanzamt fahren, er werde keine Kirchensteuer mehr bezahlen.
Die haben ihn total zugeschüttet in irgendeiner Bar im ersten Stock.
Ein Bauer vom Oberland.
Aus Tölz, was weiß ich.

Stefan:
Bestürzende Erfahrungen für eine Unschuld vom Lande.

Franz:
Die Einheimischen tragen schwer an ihrer Moral.

Stefan:
Und an der Staatsregierung.

Franz:
Die laß aus dem Spiel.

Stefan:
Grad nicht.
Wenn in der Bayerischen Abendschau nicht jeden Tag ein Vertreter
derselben zu Wort käme, gingen in Freiman die Lichter aus.

Franz:
Du hast was gegen die Abendschau?

Stefan:
Wie könnte ich?
Sie ist ein Spiegel Bayerns.

Franz:
Na wunderbar.
Was gibt's sonst noch?

Stefan:
Wo?

Franz:
In Bayern.

Stefan:
In Bayern gibt es Berge, Aufstand und Bürgerkrieg.

Franz:
Aufstand, sag an.

Stefan:
Die ham kein Stadion mehr.

Franz:
Wer?

Stefan:
Bayern München, die Bayern.

Franz:
Sie haben schon eins, aber sie wollen ein neues bauen.

Stefan:
Was du nicht sagst.

Franz:
Sie brauchen ein neues, damit sie besser spielen können.

Stefan:
Noch besser?
Kann man das?

Franz:
Jeder Mensch kann sich steigern, auch der Fußballer.

Stefan:
Sollen sie eins bauen.
Sie haben ausreichend Geld.

Franz:
Wer Geld hat lässt andere bezahlen.
Stadt und Staat stehen in der Pflicht.

Stefan:
Die sind ja noch schlimmer als die Staatsregierung.

Franz:
Schlimmer auch nicht.

Stefan:
Aber schon.

Franz:
Das Bayernvolk will seine Helden sehen.
Das kostet eben.

Stefan:
Die könnten sich auch mal was anderes ansehen.

Franz:
Was denn?
Fernsehen vielleicht?

Stefan:
Warum nicht?
Dann sind sie von der Straße weg.

Franz:
Na toll und verstopfen die sündteuren Wohnungen in München.

Stefan:
Sie könnten auch ins Museum gehen.
Schließlich ist München eine Kunststadt.

Franz:
Kein Münchner geht ins Museum.
Das machen die Japaner.

Stefan:
Dir passt aber auch gar nichts.

Franz:
Doch, die Esten.
Die Esten sollen voll computerisiert sein.

Stefan:
Welche Esten?

Franz:
Die Balten, du weißt schon, die Barone.

Stefan:
Die haben Computer, die Barone?

Franz:
Sowieso!

Stefan:
Heutzutage kennt sich keiner mehr aus.

Franz:
Die Staatsregierung startet jetzt auch ein Computerprogramm.

Stefan:
Führen die GAP ein?
Dann gehen sie endgültig zugrunde.

Franz:
Die Staatsregierung überlebt alles.
Die überlebt GAP und selbst die Bayern.
Wenn die Bayern einmal ausgestorben sind, besteht die
Staatsregierung weiter.

Stefan:
Daß man mit so einem Programm so erfolgreich werden kann.

Franz:
Wen meinst du jetzt GAP oder die Staatsregierung?

Stefan:
So genau läßt sich das nicht sagen.

Franz:
Aber du mußt doch wissen, was du meinst.

Stefan:
Bei der Computerindustrie kommt es zur fruchtbaren Vermählung
von Schrott und Ahnungslosigkeit.
Und weil die meisten Anwender so einfältig sind, ist die Industrie so
mächtig.

Franz:
Das ist normal.

Stefan:
Immer wenn sich ein Anwender beklagt, wird ihm erläutert, daß er
was falsch gemacht hat und er sich ein Programm kaufen kann, das
den Fehler behebt.

Franz:
Du hast einen Macintosh.

Stefan:
Jeder gebildete Mensch hat einen Macintosh.
Aber der wird sich nicht durchsetzen weil die Bildung zurückgeht, je
länger die Staatsregierung fortbesteht.
Die Konzerne setzen auf den PC und sie wissen was sie tun, keine
Frage.

Franz:
Spiele gibt's für den PC auch mehr.
Die sind der Hauptzweck des Computers.

Stefan:
Die Arbeit als Spiel.

Franz:
Wenn der Chef erscheint, ein Klick und schwuppdiwupp weg ist das
Spiel.

Stefan:
Besser der Chef wäre weg.

Franz:
Revolten gegen den Chef gibt's nur bei den Kommunisten, die
kapitalistischen Kinder des Computerzeitalters verehren ihren Chef.

Stefan:
Du meinst die Postkommunisten.

Franz:
Es gibt keine Postkommunisten.
Einmal Kommunist, immer Kommunist.
Das weiß man.

Stefan:
Was du nicht sagst.

Franz:
Die Computerleute arbeiten sechsundzwanzig Stunden am Tag und
vierhundert Tage im Jahr.
Die sind begeistert.

Stefan:
Bescheuert sind die.

Franz:
Das ist ihr Lebensgefühl.
Das verstehst du nicht.

Stefan:
Bauernfängerei gab es schon immer.
Was glaubst du, warum die sieben Zwerge Bergleute waren.
Nur Zwerge passen in enge Stollen.
Das ist in Südamerika noch heute so.

Franz:
Da arbeiten Zwerge?

Stefan:
Kinder, ebenso wie in der Computerbranche.
Wenn sich deren Chef vor eine Fernsehkamera stellt und sagt, er
braucht keine Gewerkschaften und keinen Tarifvertrag und all den
Kram, dann klatschen sie begeistert Beifall und die Gewerkschaftler
grübeln, was sie falsch gemacht haben.

Franz:
Und die Politik?

Stefan:
Welche Politik?

Franz:
Die Staatsregierung oder die richtigen Politiker.

Stefan:
Die haben von allem keine Ahnung.

Franz:
Das spricht aber nicht für die Demokratie.

Stefan:
Zunächst einmal spricht es nicht für die Politiker.
Seit wir Berufspolitiker haben, gibt es keine Demokratie mehr.

Franz:
Das behaupten die aber.

Stefan:
Das hat der Krause auch behauptet.

Franz:
Was macht der eigentlich?
Singt der noch?

Stefan:
Einen Fußballclub soll er leiten.

Franz:
Den hat er doch in die Pleite geführt.

Stefan:
Das war ein anderer, irgend so ein bayerischer Haushaltsexperte.

Franz:
Ist ja auch egal, es gibt so viele von der Sorte.

Stefan:
Egal ist es mir nicht.

Franz;
Eigentlich sollte dir Brüssel gut gefallen.

Stefan:
Gefällt mir gut.

Franz:
Dachte ich mir.

Stefan:
Mit Brüssel ist einfach eine Demokratie gelungen ohne Wahlen und Mitsprache des Volkes.

Franz:
Also du siehst, es geht doch.
Der Brecht hat seinerzeit noch gemeint, wenn einer Regierung ihr Volk nicht passt, dann soll es halt ein anderes wählen.
Das ist natürlich schwierig.
Woher soll man auch ein Volk nehmen, die werden ja alle von irgendwem regiert.
Schwierig ist es aber auch deswegen, weil das Volk an sich einfach blöd ist.
Unser schlappgesichtiger Außenminister hat jüngst deutlich erklärt, dass man das Volk nicht über solche Sachen wie Osterweiterung und son Kram abstimmen lassen kann, weil es dazu nicht reif ist.
Also was sollen sie machen?
Drum sind die eben damals schon darauf verfallen und haben die Europäische Kommission geschaffen und können dort die Sachen unter sich ausfechten.

Stefan:
Die fechten, die Politiker?

Franz:
Nicht nur, sie ringen auch.

Stefan:
Ist doch raffiniert.
Sport soll ja gesund sein.

Franz:
Ich habe mir alles anders vorgestellt.

Stefan:
Was will eigentlich die Staatsregierung?

Franz:
Wenn ich das wüßte.

Stefan:
Ich mein mit der Computerbranche.

Franz:
Die wollen das Internet ausbauen.

Stefan:
Wie die Esten?

Franz:
Ich weiß nicht, ob sie wissen, daß die Esten es schon ausgebaut
haben.
Außerdem würden sie das den Bayern nicht verraten, weil sie denen
ja einreden, es sei ihr Einfall.

Stefan:
Und die Bayern wissen nicht, daß die Esten...

Franz:
Die Bayern wissen gar nicht, wo Estland liegt.

Stefan:
Sind die tatsächlich so bescheuert?

Franz:
Der Eiserne Vorhang und das permanente Anschauen der
Abendschau...

Stefan:
Die werden doch auch andere Interessen haben.

Franz:
Ins Stadion gehen und saufen.

Stefan:
Ist das nicht langweilig?

Franz:
Wie mans nimmt.
Biergärten, Gardasee, Ludwig den Zweiten im Sommer und
Schilaufen im Winter.
Außerdem kann man ja noch in die Kirche gehen, obwohl der
Besuch sich in Grenzen hält, weil in Bayern die Wirte, hinterhältig
wie sie nun einmal sind, ihre Wirtshäuser neben die Kirchen gebaut
haben.

Stefan:
Der polnische Papst stand einfach zu sehr unter der Fuchtel von
dem Ratzinger.
Und jetzt ist der selber Papst.

Franz:
Auch der Ratzinger kennt nur einen Teil der Kammern des Vatikan.
Und weil sie unzählig sind und vielfältig, dienen sie doch nur dem
einen Ziel, nämlich dem Glauben einen würdigen Rahmen zu geben
und so ähnlich ist es auch mit dieser Kirche allgemein.

Stefan:
Du meinst also, darüber sollten wir nicht spotten?

Franz:
Noch nicht einmal reden.

Stefan:
Schweigen also.

Franz:
Warten.

Stefan:
Bier trinken.

Franz:
Gegen den Ratzinger haben sich die Bayern focus geschaffen.

Stefan:
Das Intelligenzblatt mit den vielen bunten Bildern von dem Österreicher?

Franz:
Genau das.

Stefan:
Kann man das lesen?

Franz:
Keine Ahnung, ich schreib ja nicht drinnen.

Stefan:
Liest du eigentlich die vielen Bücher, die du immer heimschleppst?

Franz:
Keineswegs.

Stefan:
Aber warum machst du das dann?

Franz:
Die Scheißneubauten haben keine gescheite Isolierung.
Ich brauch die zur Wärmedämmung.

Stefan:
Neulich hab ich dich mit einem Enzensberger gesehen.

Franz:
Der Enzensberger ist zu dünn.
Tanja Kinkel ist brauchbar.
Hoffentlich schreibt sie noch viel.

Stefan:
Letztlich hat der, du weißt schon, in einem Buchmagazin über sie veröffentlicht.
Der hat was von ihr gelesen.

Franz:
Der kriegt Geld dafür.

Stefan:
Vielleicht schreibt sie gar nicht so schlecht.

Franz:
Keine Ahnung.
Ich habe auch das Buch den Siebzehnjährigen nicht gelesen, den sein Papi mit der vereinigten Zunft zum Schriftsteller gehievt hat.

Stefan:
Manche kriegen sogar Preise für Bücher, die sie noch gar nicht geschrieben haben.

Franz:
Glaubst du jetzt, daß in Bayern der Teufel los ist?

Stefan:
Was macht eigentlich der Ratzinger in Rom?

Franz:
Hinter dem Vatikan ist ein Laden, in dem man lila Strümpfe kaufen kann.
Der Rosendorfer hat ihn mir mal gezeigt, der kauft seine dort.

Stefan:
Mein Gott die Champei, wie dezent sie bei seiner Geburtstagsfeier andeuten wollte, daß er den Weibern nachsteigt.

Franz:
Peinlich, ich weiß.
Manchen gibt's der Herrgott halt und manchen nicht.

Stefan:
Sie soll jetzt auch schreiben.

Franz:
Sag mir nix.

Stefan:
Mit dem Computer ist das auch einfacher.

Franz:
Da bin ich mir nicht mehr sicher, bei dieser Spanierin ist das auf jeden Fall irgendwie in die Hose gegangen.
Sie hat erst nach Wochen, was sag ich Wochen, Monaten gemerkt, dass sie drei Viertel ihres Textes geklaut hat.

Stefan:
Die hatte eben eine gute Datenbank.

Franz:
Das wird's sein.
Stell dir vor, die Esten legen einmal los.

Stefan:
Also was ist jetzt mit dem Computerprogramm von der Staatsregierung.

Franz:
Ein Schrott ist es, was glaubst du denn?

Stefan:
Aber Bayern muß doch Anschluß an die moderne Kommunikationstechnologie finden.
Wenn selbst die Esten schon daran Teil haben.

Franz:
Die brauchen das nicht für die Kommunikation.
Die Esten sind grad mal anderthalb Millionen und die meisten leben in der Hauptstadt Tallin.
Sie könnten pfeilgerade vors Haus gehen, den andern bei der Gurgel packen und sagen: So Bruder, jetzt sag mir mal, was du zu sagen hast.

Stefan:
Das ist in Bayern schwieriger, schon allein wegen der unterschiedlichen Dialekte in Oberbayern, Niederbayern, in Franken und in der Oberpfalz

Und in München geht das schon gar nicht, weil da kaum einer den andern versteht.

Franz:
Das ist wirklich eine Sauerei!

Mathilde:
Was?

Franz:
Hier steht, der Chef der polnischen Telekom streicht monatlich über 90 000 Zloty ein.

Mathilde:
Wieviel ist das?

Franz:
Ein Haufen Geld.

Mathilde:
Na und?

Franz:
Weißt du wie hoch dort das Durchschnitteinkommen ist?
Geschweige was die Rentner kriegen.

Mathilde:
Keine Ahnung.

Franz:
Ein paar hundert Euro.

Mathilde:
Das ist doch normal.
Hier kriegen sie sowieso viel zu viel.
Das sagen ja inzwischen selbst die Wohlfahrtsverbände.

Franz:
Die Leute haben doch eingezahlt in ihre Versicherung.

Mathilde:
Aber das Geld gehört ihnen nicht.

Franz:
Wieso?

Mathilde:
Weil darüber die Politiker verfügen.
Unsere frei gewählten Abgeordneten legen fest, wie hoch der
Rentenbeitrag ist, den du zahlen musst, und dadurch haben sie es
erwirtschaftet und deshalb gehört es ihnen und sie können damit
machen, was sie wollen.

Franz:
Das ist mir zu hoch.

Mathilde;
Mir leuchtet das ein.
Sprich doch mal mit deinen Arbeitskollegen, die reden schon lange
von staatlicher Rente, die wissen gar nicht mehr, dass sie dafür
einzahlen.

Franz:
Aber wenn die Beiträge erhöht werden, regen sie sich doch stets
auf?

Mathilde:
Sowas nennt man fraktales Denken.
Da wird nichts mehr miteinander verbunden.
Da herrscht Chaos in den Köpfen.

Franz:
Ich würde das eher Schwachsinn nennen.

Mathilde:
Naja, ein bißchen Schwachsinn ist auch dabei, wie bei jeder guten
Theorie, sonst hätte ja nicht dieser unsägliche Kanzler nach der
Wende ungeniert die Sozialkassen ausplündern können ohne über
die Folgen nachzudenken.

Franz:
Soweit ich mich erinnere, waren da alle dafür, die Parteien, die
Gewerkschaften, die Medien und auch die Bürger.
Das war ein Akt nationaler Solidarität.

Mathilde:
Der solidarische Umbau des Sozialsystems ging auf Kosten der
gesetzlich Versicherten, während die Selbstständigen, wie
meinetwegen die Ärzte, Architekten sich lächelnd davon gestohlen
haben.

Franz:
Die berufsständischen Versorgungswerke repräsentieren einen
Versorgungstypus eigener Art, der selbständig neben den sonstigen
Pflichtversorgungssystemen (insbesondere der gesetzlichen
Rentenversicherung) und den Formen freiwilliger Vorsorge
(insbesondere Lebens- und Rentenversicherung) steht, kapitalbasiert
ausgelegt ist und mit Solidarität nichts zu tun hat.

Mathilde:
Dann ist doch alles in Ordnung,

Franz;
Nichts ist in Ordnung, denn weil die gesetzliche Rentenversicherung
in Schieflage geraten ist, rufen toll gewordene Jungpolitiker jetzt den
Generationenkonflikt aus und würden am liebsten die Zahlungen an
die jetzige Rentnergeneration ganz einstellen.

Mathilde:
Wenn nichts da ist, kann nichts verteilt werden.

Franz:
Sag mal, kapierst du nicht, dass die Leute ein Leben lang eingezahlt
haben?

Mathilde:
Dumm gelaufen, kann man da nur sagen.
Da hätten vielleicht die Gewerkschaften ein bißchen aufpassen
sollen.

Franz:
Die vertreten doch schon lange keine Arbeiterinteressen mehr.
Sie hätten aber auch so gerne mit gemacht, als die vereinigte
Politikergarde auf dem Balkon die Nationalhymne grölte.

Mathilde:
Das war in der Tat ein Auftritt ganz eigener Art und wurde im
Fernsehen kaum wiederholt.
Schade eigentlich, sonst senden die doch laufend Wiederholungen.
Aber du wirst doch zugeben, dass Politiker ihre Klientel gut bedient
haben.
Für die Unternehmer wurde die Treuhand geschaffen und alle haben
hemmungslos zugepackt und einen schönen Reibach gemacht.

Franz:
Der übelste Raubzug in der deutschen Geschichte war das.
Du meinst also es ist vollkommen normal, wenn dieser polnische
Telekomchef die Leute abzockt und ein schwachsinniger Journalist
das auch noch rechtfertigt indem er schreibt, die guten Manager
verdienen auch in Polen inzwischen viel Geld.

Mathilde:
Da hat er doch recht.

Franz:
Womit?

Mathilde:
Daß die viel Geld verdienen.

Franz:
Du willst mich nicht verstehen.

Mathilde:
Außerdem kriegt er es doch in Zloty, und so gut ist der doch gar
nicht.
Die haben zehn Prozent Inflation oder mehr.

Franz:
Dann müssen wir zwanzig haben.

Mathilde:
So schwach schätze ich den Euro nun auch wieder nicht ein.

Franz:
Kannst du aber.
Seit letzten Sommer ist der Euro gegen den Zloty beträchtlich
gefallen.

Mathilde:
Ist nicht wahr.

Franz:
Stimmt aber, und wenn du dein Geld in Polen angelegt hättest,
sagen wir mal für fünfzehn Prozent, 18 wäre auch möglich, hättest
einen guten Schnitt gemacht.

Mathilde:
Ist doch ordentlich.

Franz:
Ein Scheiß ist das!

Mathilde:
Warum hast du denn nichts angelegt?
Bist selbst schuld.

Franz:
Erinnerst du dich an den Zynismus von diesem Typen von der
Deutschen Bank?

Mathilde:
Peanuts ist inzwischen ein geflügeltes Wort geworden.
Die Leute freuen sich drüber.
Vermutlich haben die meisten die eigentliche Bedeutung nie gekannt
oder wieder vergessen.
Die denken Peanuts sind Peanuts.

Franz:
Ich weiß, ebenso wie die bescheuerte Phrase von den Hausaufgaben.

Du kannst heutzutage kaum noch einen Text lesen, ob Rede, ob
Übersetzung ob Roman ohne über diese Hausaufgaben zu stolpern.
Es ist grauenhaft!

Mathilde:
Da sieht man wie aufmerksam die Leute sind.
Selbst Worte von ihren Lieblingen lernen sie auswendig.

Franz:
Die hätten in der Schule mehr Gedichte auswendig lernen sollen,
wenn du mich fragst.

Mathilde:
Das Volk liebt es eben, wenn die Reichen und Mächtigen zeigen, daß
sie reich und mächtig sind und über die Sprache gebieten.
Denk doch mal an August den Starken, der hat sich seinerzeit seine
Tochter ins Bett geholt und ist heute eine Ikone der Sachsen.

Franz:
Der Staat in dem die Gesetze nicht mehr geachtet werden geht
unter.
Das gilt für demokratische Staaten ebenso wie früher für
Monarchien.

Mathilde:
Wo hast du denn das her?

Franz:
Das weiß man.

Mathilde:
Dann müßte aber vieles untergehen.

Franz:
Wetten, daß dem nichts mehr passiert?

Mathilde:
Wem?

Franz:
Diesem Exkanzler, der sein lächerliches Ehrenwort höher stellt als die Gesetze.

Mathilde:
Darüber rege ich mich schon lange nicht mehr auf.

Franz:
Ich aber.

Mathilde:
Es gibt nirgendwo größere Verachtung für Recht und Gesetz als bei den Inhabern der Macht.
Recht und Gesetz gelten nur für Untertanen.
Und es wird stets Günstlinge geben, die solches rechtfertigen.
Ce la vie.

Franz:
Ich werde es nicht rechtfertigen und nie akzeptieren.
Ich nicht!

Mathilde:
Weil du nicht dazu gehörst.

Franz:
Am Ende behauptest du noch, daß ich neidisch sei.

Mathilde:
Und wenn?

Franz:
Ein vaterlandsloser Geselle.

Mathilde:
Wir sind alle heimatlos.

Franz:
Der Witz ist, daß man seinerzeit die Bezeichnung auf die Linke anwandte, dabei war die zu der Zeit so national, wie kaum eine andere Gruppe.

Vaterlandslos war der Adel.

Mathilde:
Die dünne Ölschicht.

Franz:
Auch ein deutscher Dichter, der fast verhungerte.

Mathilde:
Du bist doch ein Anhänger von Traditionen.
Was klagst du denn?

Franz:
Ich klage nicht.
Ich rege mich auf über die Niedertracht.

Mathilde:
Dein Leben lang hängst du an der Geschichte von den zehn
Gerechten.

Franz:
Es waren keine zehn.

Mathilde:
Wie auch immer.

Franz:
Was bleibt uns denn?
Ich verstehe, daß Bernhard sich in Barcelona verkroch oder sonst
wohin verschwand.

Mathilde:
Sein Österreich ließ ihn nirgendwo los.

Franz:
Nicht das Land, die Leute!
Die Selbstverständlichkeit ihres Denkens.

Mathilde:
Selbstverständlich ist das nicht.

Franz:
Doch.
Überall.
Ich habe das jetzt in Berlin gedacht, als ich den Neubau des
Kanzleramtes gesehen habe - ein unglaublicher Ausdruck von
Hochmut von Arroganz.

Mathilde:
Dann paßts doch.

Franz:
Sowieso.

Mathilde:
Jede Architektur drückt das Lebensgefühl ihrer Zeit aus.

Franz:
Den Architekten sollte man ihre Pläne um die Ohren schlagen.

Mathilde:
Was würde das ändern?

Franz:
Ich würde mich besser fühlen.

Mathilde:
Du wärst rascher im Abseits, als du glaubst.

Franz:
Vielleicht ist das heutzutage der einzige Ort, an dem man sich
redlicherweise aufhalten kann.

Mathilde:
Auch du bist nicht von Hochmut frei.

Franz:
Wie könnte ich?

Mathilde:
Er ist nicht besser, bloß weil du über keine Macht verfügst.

Franz:
Ich bin ohnmächtig, nicht hochmütig.
Das ist es.
Aber vielleicht einmal...

Mathilde:
Was?

Franz:
Einmal im Leben.

Mathilde:
Einmal ist keinmal.

Franz:
Für mich schon.

Mathilde:
Ich möchte vergehen wie das Abendrot.

Olga:
Es ist witzig, daß die Männer solche Stellen nicht kennen.

Mathilde:
Gell?
Rein, raus, fertig.
Und wenn du Glück hast noch die Pflichtübungen, von denen du
nach drei Mal aber auch jede Bewegung kennst.

Olga:
Du versprichst mir, daß du ihn nicht wiedersiehst?

Mathilde:
Ich kann nicht den Job wechseln.
Jetzt nicht.
Ich habe heute meinen Entwurf abgegeben.

Olga:
Toll!
Und?

Mathilde:
Sie geben mir bescheid.

Olga:
Wärst du ein Mann würden sie mit dir nicht so umspringen.

Mathilde:
Ich krieg den Auftrag.
Ich bin einfach besser.

Olga:
Du bist eine Teufelin.

Mathilde:
Eine Hexe.

Olga:
Und was für eine.

Mathilde:
Ich mach uns Tee.

Olga:
Ich will nicht, daß du jetzt fortgehst von mir.

Mathilde:
Ich komme wieder.

Olga:
Das sagen alle.
Bleib!

Mathilde:
Du bist so verspannt.

Olga:
Bin ich nicht, bloß aufgeregt.

Mathilde:
Sie geben mir den Auftrag, ich weiß es.

Olga:
Ich möchte nur so liegen und an gar nichts denken.

Mathilde:
Wenn es klappt kaufe ich den M3 oder den A4.
Weiß oder himmelblau.
Wir fahren über den Brenner und weiter.
Der Sonne entgegen.
In den Süden ans Meer.

Olga:
Nein, einfach immer nur um München herum.
Den Mittleren Ring entlang.
Immer wieder
Ich will sehen, wie der Morgen zum Tag und der Abend zur Nacht
übergeht, und wie das Frühjahr, das den Winter noch ahnt, bald in
den Sommer übergeht.

Mathilde:
Bleib so!

Olga:
Was machst du mit mir?

Mathilde:
Denkst du, nur dir sind Geheimnisse vertraut?

Olga:
Wie schön du bist, wie wunderschön.

Mathilde:
Nicht sprechen.
Jetzt nicht.
Ich liebe dich.

Olga:
Tausendmal.

Mathilde:
Tausendmal und mehr.

Olga:
Wie gut, daß niemand weiß.

Mathilde:
Daß ich Rumpelstilzchen heiß.

Olga:
Genau.

Mathilde:
Keiner wird uns das glauben-

Olga:
Daß wir so sind...

Mathilde:
Daß wir so sind, wie wir sind.

Olga:
Ganz genau!

Mathilde:
Böses Biest.

Olga:
Ganz böses Biest.

Mathilde:
Liebes Biest.

Olga:
Ganz liebes Biest.

Mathilde:
Sag noch mal!

Olga:
Ganz ganz liebes, böses Biest.

Mathilde:
Lauter!

Olga:
Gnade!

Mathilde:
Keine Gnade.

Olga:
Erbarmen?

Mathilde:
Erbarmen kenne ich nicht.

Olga:
Wart!

Mathilde:
Laß!

Olga:
Nein.

Mathilde:
Was?

Olga:
Dreh dich!

Mathilde:
Wart noch!

Olga:
Jetzt!

Mathilde:
Ich kauf den blauen A4.

Olga:
Mit weißen Ledersitzen.

Mathilde.
Genau!
Ich kauf beide.
Ich kauf alle.
Alle. Alle.

Olga:
Ich glaub, ich mach uns jetzt Tee.

Mathilde:
Du hast richtige Gänsehaut.
Am meisten schätze ich es, daß wir uns nicht so aufdonnern müssen
wie die Zicken, die den Kerlen hinterherlaufen.

Olga:
Ich mag mich schon hübsch anziehen und schminken will ich mich
auch.

Mathilde:
Wenn du das jahrelang machst, dann gewöhnt sich deine Haut
dermaßen an das Zeug, daß du ohne gar nicht mehr auskommen
kannst.
Glaub mir, dann ist die Haut weder feucht noch trocken, sondern
so unnatürlich, irgendetwas dazwischen, ich weiß es nicht.
Du wirst von den Firmen regelrecht ausgenommen.
Und manchmal denke ich mir, die mischen etwas in ihre Produkte
hinein, die dich abhängig machen

Olga:
Ich weiß nicht, aber du bist ja noch so jung und brauchst gar keine
Creme.

Mathilde::
Zwei Jahre.

Olga
Anderthalb.

Mathilde:
Du zählst aber genau.

Olga:
Wieso?
Es stimmt doch.
Du bist...

Mathilde:
Ja schon.

Olga:
Was willst du dann?

Mathilde:
Hab ich was Falsches gesagt?

Olga:
Wieso was Falsches?

Mathilde:
Weil du so.

Olga:
So was?

Mathilde:
Auf einmal so anders bist und redest.

Olga:
Du hast doch angefangen.

Mathilde:
Gar nicht.

Olga:
Du hast gesagt, ich sei zwei Jahre älter als du, und das stimmt eben nicht.
Das habe ich korrigiert.

Mathilde:
Weil du gesagt hast, ich sei noch so jung.

Olga:
Bist du auch manchmal.

Mathilde:
Wann manchmal?

Olga:
Wenn du so redest und fragst.

Mathilde:
Wie redest?

Olga:
Na so wie jetzt eben.

Mathilde:
Versteh ich nicht.

Olga:
Das ist es ja.

Mathilde:
Wir sind blöd.

Olga:
Was soll das jetzt wieder?

Mathilde:
Uns so zu streiten.

Olga:
Ich streite nicht.

Mathilde:
Na wirklich nicht.

Olga:
Jetzt hör auf!
Bist du eigentlich in so einer Gruppe?

Mathilde:
Was soll das jetzt wieder?
In was für einer Gruppe?

Olga:
Du weißt schon.

Mathilde:
Ich habe keinen Schimmer.

Olga:
Na mit Doppelaxt und Hexenmal.

Mathilde:
Jetzt spinnst du aber komplett.

Olga:
Wieso?

Mathilde:
Ja glaubst du denn alles, was die bescheuerten Typen über uns zusammenlabern?

Olga:
Nein, das nicht.

Mathilde:
Für so einfältig hätte ich dich nicht gehalten.

Olga:
Ich bin nicht einfältig.

Mathilde:
Das wird doch alles nur in die Welt gesetzt, damit die uns weiter unterdrücken können.
Der Schwanz soll regieren und wir haben uns zu fügen.
Nicht mit mir.
Nicht mehr.
Nie mehr.

Olga:
Ich hab halt gehört, und gelesen hab ich ja auch.
Ich mein früher...

Mathilde:
Die schreiben doch alles, was ihnen nutzt.
Glaub nicht, was die anderen sagen.
Tu das, was du willst.
Was du von dir aus tun willst.
Das ist das einzige Gesetz, dem man ihm Leben folgen soll.

Olga:
Das braucht seine Zeit, bis man das versteht.

Mathilde:
Ich hab noch so ein Ding in der Schublade.

Olga:
Was für ein Ding?

Mathilde:
Eine kleine goldene etruskische Doppelaxt.
Die hast du doch gemeint.

Olga:
Wo, in welcher Schublade?

Mathilde:
Die Etrusker hatten Mutterrecht.

Rom hat es ausgelöscht.
Und das Christentum.
Und weil es zu stark war, sind Elemente davon in die
Marienverehrung übernommen worden.
Freilich jene, die den Herrschaften nicht geschadet haben.

Olga:
Kann ich sie mal sehen?

Mathilde:
Das ist so lange her, ich weiß gar nicht, ob sie noch drinnen ist.
Außerdem sagt mir das jetzt nichts mehr.
Das sind Äußerlichkeiten.

Olga:
Hast du da mit vielen zusammengewohnt?

Mathilde:
Ich mag nicht darüber reden.

Olga:
Ich will dich doch nur kennenlernen.

Mathilde:
Ich kenn mich doch selber kaum.
Außerdem war das nicht hier.
Ich hab in Frankfurt gewohnt.

Olga:
In Frankfurt war ich noch nie.

Mathilde:
Nah bei der Günderode.

Olga:
Bei wem?

Mathilde:
Kennst du nicht.

Olga:
Ich bin nicht eifersüchtig auf deine Vergangenheit, wenn du das
meinst.
Du kannst mir ruhig alles erzählen.

Mathilde:
Eifersüchtig!
Ich wollte Schluß machen, jetzt weißt du es.

Olga:
Du?!

Mathilde:
Ja, ich in meiner ganzen Schönheit.

Olga:
Und warum?
Entschuldige, du brauchst es mir nicht verraten.

Mathilde:
Jetzt ist es eh egal.

Olga:
Das hätte ich bei dir nicht vermutet, ich weiß nicht, was ich sagen
soll.

Mathilde:
Man muß nicht zu allem etwas sagen.

Olga:
Ich bin jetzt bei dir.

Mathilde:
Bei mir?
Ihr seid alle gleich.

Olga:
Wer ist gleich?
Ich bin nicht gleich.

Mathilde:
Die Alternativen.
Die Normalen.
Die Alten.
Die Jungen.
Sie lügen und betrügen alle.

Olga:
Warum verletzt du mich?

Mathilde:
Hast du noch nie gelogen?

Olga:
Eigentlich nicht.

Mathilde:
Dann mußt du eine Heilige sein.

Olga:
Es ist gar nicht so schwer.
Und ich glaube auch gar nicht daran, dass alle so schlecht sind.

Mathilde:
Der Mensch ist gut, ich weiß.

Olga:
Vielleicht war es früher anders, aber jetzt, in den letzten Jahren ist
doch alles viel freier geworden.

Mathilde:
Freier?

Olga:
Müssen wir uns etwa verstecken?
Wer stört sich daran, wenn wir zeigen, daß wir uns lieben.

Mathilde:
Wenn du dich da mal nicht irrst.

Olga:
Sicher gibt es ein paar.
Aber die zählen doch nicht.
Wir sind längst zu zahlreich geworden.

Mathilde:
Laßt tausend Blumen blühen.
Ich glaube, du täuscht dich gewaltig.
Was du für Freiheit hältst, ist Gleichgültigkeit.
Wenn es wichtig wird, gibt es keine Freiheit mehr, sondern
Herrschaft und Zwang.
Und manchmal ist das alternative Leben enger und beschissener, als
das sogenannte normale.

Olga:
Weshalb wolltest du ins Wasser gehen?

Mathilde:
Woher weißt du, daß ich ins Wasser gehen wollte?

Olga:
Das habe ich mir gedacht.

Mathilde:
Die Günderode hat sich ertränkt wegen einem Kerl.
Ich bin nur zum Wasser gelaufen.
Ja, eigentlich wollte ich es schon machen.

Olga:
Warum lachst du?

Mathilde:
Das kann man gar nicht erzählen.
Olga:
Das verstehe ich.

Mathilde:
Nichts verstehst du.

Olga:
Du hast jemanden getroffen?

Mathilde:
So kann man es auch nennen.

Olga:
Erzähl!

Mathilde:
Ich saß vielleicht eine Stunde da rum.
Sah nichts, nur die graubraune Brühe oder war die graugrün, keine
Ahnung.
Ich glaube, es regnete sogar, Nebel lag über dem Wasser.
Auf jeden Fall wars noch nicht ganz hell.
Und auf einmal hats einen Riesenschlag getan und so ein Scheppern
und Schrammen.
So blechern.

Olga:
Ein Gewitter oder was?
Der Vater Rhein hat sich deiner erbarmt?

Mathilde:
Der absolute Wahnsinn!
Zwei Kähne sind direkt vor meinen Augen aufeinander gerasselt.
Ich habe das überhaupt nicht kapiert.
Da ist der dämliche Fluß mehr als tausend Kilometer lang und an
der Stelle, wo ich blöde Kuh ins Wasser will, krachen zwei Kähne
zusammen.

Olga:
Das ist...

Mathilde:
Typisch ist das.
Ich bin aufgewacht aus meinem Tran und habe angefangen zu lachen.
Gottseidank sind die noch abgetrieben.
Ich glaub die Schiffer hätten mich erschlagen.
Ich saß da unter meiner Pappel und hab Tränen gelacht.

Olga:
Und die Leute?

Mathilde:
Ich habe keine Leute gesehen.
Da waren keine.
Als ich wieder beieinander war, habe ich mein Auto gesucht und bin in die Wohnung zurück.
Ich habe meinen Koffer geschnappt, und jetzt bin ich hier.

Olga:
Wann war das?

Mathilde:
Keine Ahnung.
Vor Jahrtausenden.
Vor drei Jahren.
Im Frühjahr.
Seitdem bin ich geheilt.
Ich bin zu blöd mich umzubringen.
Aber damals hab ich mir geschworen, mich nie mehr abhängig zu machen und nie mehr zu lieben.

Olga:
Nie mehr zu lieben?

Mathilde:
Nie mehr.

Olga:
Schade.

Stefan:
Einhunderttausendvierhundertsechs.

Olga:
Zählst du immer noch?
Es ist vier Uhr früh.

Stefan:
Die Stunde der Häscher.

Olga:
Man kann es auch übertreiben.

Stefan:
Jetzt habe ich mich verzählt.
Scheiße!

Olga:
Du bist müde.
Und bei dem Licht.

Stefan:
Sie sehen alles.

Olga:
Wer?

Stefan:
Sie warten nur darauf, daß meine Wachsamkeit nachläßt.

Olga:
Niemand ist hier in der Wohnung außer uns beiden.

Stefan:
Sie sind überall.
Aber ich passe auf.
Sie nehmen mir nichts weg.

Olga:
Willst du nicht schlafen gehen?
Stefan:
Unmöglich!

Olga:
Jeder Mensch muß einmal schlafen.

Stefan:
Sie warten nur darauf.

Olga:
Ich bin doch auch noch da.

Stefan:
Das kümmert sie nicht.

Olga:
Ich riegle das Fenster zu.

Stefan:
Sie haben ihre eigenen geheimen Ein- und Ausgänge.
Man kann sie nicht aussperren.
Nur ständige Wachsamkeit hilft.
Man muß ihnen das Gesicht zuwenden.
Dann weichen sie zurück.
Aber wehe, du bist einen Augenblick lang unaufmerksam.
Das darfst du dir nicht erlauben.

Olga:
Aber du mußt doch irgendwann ausruhen.

Stefan:
Das geht nur bei Tageslicht.
Sie scheuen das Licht.
Am Tage bin ich sicher.

Olga:
Und wenn wir die Lampen anlassen?
Vielleicht kannst du dich dann wenigstens ein bißchen hinlegen.

Stefan:
Sie nutzen die Elektrizität.
Das habe ich schon herausgefunden.
Auf die Leitungen muß man fortwährend aufpassen.
Sie haben eine Möglichkeit gefunden, damit in alle Räume zu
kommen.
Das ist eine ungeheure Perfidie.

Jeder Mensch braucht doch den Strom.
In der Früh werde ich in den Keller gehen.
Es reicht nicht, in der Wohnung am Abend die Sicherungen
rauszudrehen, ich muß die Hauptleitung kappen.

Olga:
Aber....

Stefan:
Kein Aber!
Und selbst das wird noch nicht reichen.
Das Wasser müssen wir ebenfalls abdrehen.
Auch diese Leitungen sind unsicher.
Sie sind schlau, aber nicht schlau genug.
In mir haben sie ihren Meister gefunden.

Olga:
Du kannst uns doch nicht von allem abschneiden.

Stefan:
Ich muß.
Verstehst du?
Es bleibt mir gar kein anderer Ausweg.

Olga:
Vielleicht sollten wir die Polizei verständigen?

Stefan:
Keine Polizei!
Die Polizei kann uns nicht schützen.

Olga:
Aber vielleicht, ich kann vielleicht...
Stefan:
Das Telephon!

Olga:
Genau!
Wenn was ist, rufen wir Volker an.

Stefan:
Das Telephon!
Ich wußte, daß ich was übersehen habe.
Das Telephon muß auch weg!
Da haben wir noch eine offene Flanke.
Da kann ich von hier aus nichts machen.
Ich muß an den Verteiler ran.
Hoffentlich ist es noch nicht zu spät.
Gut, daß wir das Breitbandkabel nicht haben legen lassen.
Das hat uns wahrscheinlich gerettet.
Ich habe da noch rechtzeitig zurückgezogen.
Sonst hätten sie die Gelegenheit schon früher ergriffen.

Olga:
Aber das Handy?
Wir können doch das Handy benutzen.

Stefan:
Bist du wahnsinnig!
Das erst recht nicht.
Warum glaubst du, warum die überall Masten aufstellen für ihr
Handynetz?
Das Handy muß aus dem Haus!
Das ist die raffinierteste Art einen Angriff zu starten.
Damit bist du überall angreifbar.
Sie besitzen die totale Kontrolle über dein Leben.
Wo immer du bist, sie wissen es und können dich vernichten.
Verstehst du jetzt, daß ich unmöglich einschlafen kann?
Kein Mensch wird je wieder einschlafen können, wenn er weiß, was
ich weiß.
Sie sind überall und immer.
Erst, wenn man sich dagegen wehrt, kann man wieder ruhig leben.
Vorher nicht.
Aber habe keine Angst, mein Herz, ich kriege das schon hin.

Ende.

Reigen 2010
Dieses Gestöber aus Licht

Personen:
Ingeborg
Bärbel
Franz
Alfons

Zeit:
Im zweiten Jahrzehnt des neuen Jahrtausends

Ingeborg
Da ist mir der Osama bin Laden ja schon lieber, als dieser da.

Bärbel
Mama, was redest du?

Ingeborg
Ist doch wahr.

Bärbel
Was ist wahr?

Ingeborg
Diese Knalltüte willst du heiraten?

Bärbel
Wir lieben uns.

Ingeborg
Ich habe deinen Vater auch geliebt.

Bärbel
Und jetzt?

Ingeborg
Jetzt kauft er Kühlschränke in China, von denen nun hunderte rumstehen und er sitzt daneben wie ein Frosch.

Bärbel
Du bist gemein.

Ingeborg
Kannst du mir erklären, wie man in China vierhundert Kühlschränke kaufen kann, bloß weil sie pro Stück nur 40 Euro kosten?

Bärbel
Hier zahlt man 200 für einen guten Kühlschrank. Das ist doch ein hervorragendes Geschäft.

Ingeborg
Nur dass er sich nicht überlegt hat, wie er sie weiter verkaufen kann. Der ganze Berg in Thüringen ist voller Kühlschranke.

Bärbel
Aber doch nur weil Waco abgesprungen ist.

Ingeborg
Die sind nicht abgesprungen, die sind pleite.

Bärbel
Das ist doch nicht Papas Schuld.

Ingeborg
Nein, aber der sitzt jetzt neben und auf den Kühlschränken

Bärbel
Trotzdem, die Idee war gut.

Ingeborg
Ich sag doch, er ist ein Frosch.

Bärbel
Sowas kannst du von Alfons nicht sagen.

Ingeborg
Ich habe deinen Alfons als kleinen Jungen kennen gelernt, da wollte er Großwildjäger werden und Eisbären in der Antarktis schießen.

Bärbel
Damals war er zwölf.

Ingeborg
Auch ein Zwölfjähriger sollte Eisbären von Pinguinen unterscheiden können, und in der Antarktis leben Pinguine und keine Eisbären.
Die leben in der Arktis.

Bärbel
Geh auf die Straße und frag die Leute.

Kaum einer wird wissen wer wo lebt, die sagen dir, Eisbären und
Pinguine leben im Zoo.

Ingeborg
Mit Idioten rede ich nicht.

Bärbel
Das mein ich ja, du siehst nur dich.

Ingeborg
Du meinst also, man ist Autist, wenn man heutzutage noch einen
Funken Verstand hat.

Bärbel
Nein, aber das mit den Eisbären habe ich auch erst später
verstanden.

Ingeborg
Die Frage ist, ob er es verstanden hat.

Bärbel
Er redet schon lange nicht mehr von solchen Plänen.

Ingeborg
Daran erkennst du, dass man sich auf ihn nicht verlassen kann.
Sein Denken besitzt keine Kontinuität und sein Handeln ebenso
wenig und dennoch willst du ihn heiraten.

Bärbel
Aber das hat doch nichts mit Pinguinen oder Eisbären zu tun?
Das ist doch total irrelevant.

Ingeborg
Aber für Greenpeace spendet ihr alle beide.

Bärbel
Was soll das jetzt?!

Ingeborg
Ist er nicht bei Weckler und Bäcker oder wie das heißt diese
bescheuerte Waffenschmiede?

Bärbel
Seit vier Jahren arbeitet er dort.

Ingeborg
Seitdem ist Deutschland zum zweitgrößten Waffenexporteur der
Welt aufgestiegen.
Wenn das kein Zufall ist.
Wann kommt eigentlich dein feiner Bräutigam?

Bärbel
Er hat noch einen Termin.

Ingeborg
Will er noch ein paar Leute erschießen?

Bärbel
Mama, Alfons entwickelt die Dinger und benutzt sie nicht.

Ingeborg
Hast du schon einmal einen Gangster gesehen, der seinen Wumme
nicht auch mal ausprobiert?
Die machen doch sicher Feldversuche, bevor sie ihre
Mordwerkzeuge auf die Menschheit loslassen.

Bärbel
Feldversuche?

Ingeborg
Klar in Afrika, im Irak, in Afghanistan.
Soll ich dir noch ein paar Gegenden nennen?
Funktionieren die Dinger überhaupt, die dein verhinderter
Großwildjäger da entwickelt?

Bärbel
Das ist eine Weltfirma.

Ingeborg
Das ist Microsoft auch.

Bärbel
Bei der Waffenindustrie ist es nicht so wie in der
Computerbranche,
Da liefert man keine halbfertigen Produkte aus und lässt dann die
Kunden testen.

Ingeborg
Und warum probiert sie dann dein Alfons nicht selbst aus, wenn
alles so toll ist?

Bärbel
Ja warum denn, um Gottes willen?

Ingeborg
Damit er mal sieht, was man mit dem Teufelszeug anstellen kann.

Bärbel
Alfons sagt immer, mit einem Messer kannst du einen Apfel schälen
oder eine Frau erstechen.

Ingeborg
Also doch!
Hat er es mal bei dir versucht?

Bärbel
Was?

Ingeborg
Hat er manchmal einen merkwürdigen Glanz in den Augen?

Bärbel
Ich weiß nicht, was du meinst.

Ingeborg
Schaust du ihn dir nie an?
Solltest du aber.

Dann wüsstest du nämlich, was du dir da für eine Pfeife eingehandelt hast.

Bärbel
Der Alfons ist ein ganz lieber Kerl.

Ingeborg
Klar mit einer Pistole im Halfter oder trägt er sie in den Strümpfen?

Bärbel
Jetzt im Sommer trägt er gar keine Strümpfe.

Ingeborg
Die armen Schuhe.

Bärbel
Fahrt ihr jetzt eigentlich nach Paris?

Ingeborg
Nach Paris fährt Franz alleine.
Da sind die Hotelpreise so hoch und er wird sich keine Extravaganzen leisten können.
Aber nach Istanbul fahren wir zusammen.
Mit dem Zug.

Bärbel
Gibt es denn keine günstigen Flüge?
Ich kann dir im Internet welche raus suchen.

Ingeborg
Das Internet kann mir gestohlen bleiben.

Bärbel
Du schmeißt das Geld zum Fenster raus.
Die Flüge heutzutage ...

Ingeborg
Sind ökologisch eine Katastrophe, sag ich doch, aber für Greenpeace spenden.

Bärbel
Du bist unsachlich und ungerecht.

Ingeborg
Ich bin nicht ungerecht, ich bin wütend.

Bärbel
Greenpeace ist ...

Ingeborg
Und wo findet die nächste Vollversammlung statt von dem Verein?

Bärbel
Keine Ahnung.

Ingeborg
Und wie kommen die da hin?
Mit dem Flieger!

Bärbel
Ich ...

Ingeborg
Und warum benutzen die nicht das Internet, wenn sie miteinander reden wollen?
Oder kennt das keiner?

Bärbel
Wie sollen sie sich da vernünftig unterhalten?

Ingeborg
Per Mausklick, wie jeder moderne Mensch.

Bärbel
Das sind doch Repräsentanten.

Ingeborg
Wen repräsentieren sie denn?

Die Zerstörung der Welt wie die Pfeifen, die sich jüngst in Kopenhagen oder war es in Rio oder Durban, wo auch immer, getroffen haben.

Bärbel
Wir sind ja auch nicht zufrieden, aber die Kanzlerin sagt, das ist ein erster Schritt.

Ingeborg
Näher zum Abgrund hin ja.
Die ist Honeckers und Kohls Ziehtochter.
Die hält nämlich das Volk auch für blöde.

Bärbel
Dann solltet ihr euch doch gut verstehen.

Ingeborg
Es gibt nur einen Unterschied.
Ich bin an der Verblödung nicht beteiligt und sie macht feste mit.
Wie dein Alfons.

Bärbel
Hammer oder Amboss sein.
Hast du mir das nicht als Kind erzählt?

Ingeborg
Jeder Spruch wird dumm, wenn er nicht mit Vernunft geprüft und angewandt wird.
Das schlimmste Verbrechen von Herrn H. und seinen Gefolgsleuten, war die Vernichtung des jüdischen Geistes in unserem Volk.
Und glaube mir, ich verneige mich vor jedem Opfer, das diese Zeit brachte, aber ich verneige mich nicht vor der Niedertracht, dass alle glauben, ohne das jüdische Erbe in Europa leben zu können.
Wir können es nicht.
Wir sind einfach zu blöde dazu.

Bärbel
Das ist mir zu hoch.

Ingeborg
Da bist du nicht allein.

Bärbel
Liebst du mich eigentlich, Mutter?

Ingeborg
Ich liebe dich von ganzem Herzen.

Bärbel
Auch wenn ich dich manchmal umbringen könnte, ich liebe dich auch.
Und es wäre das Schlimmste, ich würde deine Liebe verlieren.

Ingeborg
Hab keine Angst.
Sie ist wie ich bin.

Bärbel
Hast du ein Problem mit Vater?

Ingeborg
Habe ich.
Sein neuerlicher Hang zum Geld kotzt mich an.
Er hat vor dem Zeitgeist kapituliert und glaubt an seinen Wert.
Ich habe solche Irren nie verstanden, und er meint, es bedeute mir etwas.
Das macht mich wütend.

Bärbel
Aber Geld braucht man.

Ingeborg
Geld hat keine Seele, laß dir nichts einreden.

Bärbel
In der Dritten Welt ...

Ingeborg
Arme Menschen gibt es auch hier.

Ich zeige sie dir, wenn du einmal die Augen aufschlagen möchtest.
Aber weißt du, ob sie ohne Glück sind?

Bärbel
Hunger und Glück schließen einander aus.

Ingeborg
Wenn du Hunger hast, empfindest du Glück, wenn du ein Reiskorn
findest.

Bärbel
Das ist zynisch!

Ingeborg
Nein, nein!
Der Mensch und das Leben sind viel großartiger, als du zu erfassen
vermagst.

Bärbel
Du stellst einen reichen Banker neben ein verhungerndes Kind?

Ingeborg
Auch eine alte Frau kann verhungern.

Bärbel
Aber ...

Ingeborg
Da fangen die Unterschiede unseres Denkens an.
Die Würde des Menschen ist gleich, ob er alt oder jung.
Ich finde es erbärmlich, dass keiner dies mehr versteht.
Wir sind Barbaren geworden.

Bärbel
Ich empfinde natürlich Mitleid mit alten Menschen, die in Armut
leben.

Ingeborg
Mitleid ist zu wenig.
Scham solltest du empfinden.

Scham lässt sich nicht so leicht besänftigen.
Es ist eine Schande, dass Armut in unserem Lande überhaupt
existiert.

Bärbel
Armut gibt es überall auf der Welt, und bei uns hält sie sich in
Grenzen.

Ingeborg
Solange du nicht davon betroffen bist, kannst du so reden.

Bärbel
Und Reichtum gibt es auch überall.

Ingeborg
Gehälter von über einer Million sind obszön.
Keines Menschen Arbeit ist soviel wert.

Bärbel
Weder Alfons noch ich verdienen soviel, also was willst du von mir?

Ingeborg
Ich will, dass du dich nicht so leicht verführen lässt, wie ich mich
verführen ließ.

Bärbel
Du warst eine gute Mutter zu mir als ich ein Kind war, bist es heute
noch.
Ist dies nicht ausreichend für ein Leben?
Ist alles andere nicht maßlos?

Ingeborg
Eine gute Mutter zu sein, ist mir zu wenig.

Bärbel
So habe ich das nicht gemeint.

Ingeborg
Du meinst immer, was du sagst.

Bärbel
Tatsächlich?

Ingeborg
Tatsächlich!
Und wenn ich dir widerspreche, dann werde ich meine Gründe
dafür haben.

Bärbel
Hast du.

Ingeborg
Und wie viel hast du jetzt wieder in den Sand gesetzt?

Franz
Warum glaubst du, dass ich etwas in den Sand gesetzt habe?
Wir sind seit 22 Jahren verheiratet.
Reicht das nicht?

Ingeborg
So lange schon?

Franz
So lange.

Ingeborg
Du musst nicht immer wiederholen, was ich sage.

Franz
Soll ich etwa eine eigene Meinung haben?

Ingeborg
Probiers mal!
Vielleicht kommts an.

Franz
Das Bild fällt von der Wand.

Ingeborg
Welches Bild?

Franz
Hinter dir.

Ingeborg
Weil du den Nagel nicht fest genug rein geschlagen hast.

Franz
Ich wollte nicht gleich das Haus zum Einsturz bringen.
Wenn die heutigen Architekten in den Häusern wohnen müssten,
die sie bauen und planen, würden sie den Beruf wechseln.

Ingeborg
Die kennen nichts anderes und deine Sucht nach Geld gefällt mir
nicht.

Franz
Es ist keine Sucht.
Es ist die Freude am Spiel.

Ingeborg
Du kannst mir nichts vormachen.

Franz
Wünschst du dir keine Villa in St. Tropez?

Ingeborg
Nicht zu diesem Preis!

Franz
Welchem Preis?

Ingeborg
Reichtum verdient man nicht.
Man stielt ihn sich zusammen durch Betrug, Mord und Totschlag.

Franz
Hört, hört!

Ingeborg
Wir waren nie Teil dieses Spiels, und ich will es nicht sein.

Franz
Hehre Worte, aber naiv.

Ingeborg
Mir egal.

Franz
Es ist die Zeit, die uns verändert hat.

Ingeborg
Die arme Zeit muß viel erdulden.
Ich habe mich nicht verändert.

Franz
Desto schlimmer!

Ingeborg
Für wen?

Franz
Jeder Mensch ändert sich im Laufe seines Lebens.
Wer mit zwanzig nicht Revolutionär war ...

Ingeborg
Diesen Stuss kann ich nicht mehr hören.
Wenn ich die feisten Gesichter dieser ehemaligen Revolutionäre
sehe, wird mir schlecht.
Ich habe ihnen schon damals nicht getraut, als sie hinter ihren
Stereoanlagen hockten und von der Befreiung von Arbeitern,
Lehrlingen und Schülern schwafelten.
Und ich traue ihnen heute noch weniger, wo sie wehleidig
herumsitzen und alles besser hätten machen mögen, wenn sie sich
getraut hätten dürfen.

Franz
Das ist Valentin.

Ingeborg
Der ist nach dem Krieg in München verhungert, weil keiner etwas
von ihm wissen wollte.

Franz
Jetzt mögen ihn alle.

Ingeborg
Ich weiß, selbst seine Mörder.

Franz
München liebt eben sein kulturelles Erbe.

Ingeborg
Ich erinnere mich noch, wie ein kulturbeflissener Funktionär den
armen Mehring seinerzeit durch die Landschaft gezerrt hat.

Franz
Aber gute Bücher hat er geschrieben.

Ingeborg
Ich sag doch, dass das nicht zählt.
Gegen die Königsschlösser kommt keiner an.

Franz
Ludwig II ist eine Ikone.

Ingeborg
Ich finds zum Erbrechen.
Deine Geschäfte sind auch nicht gerade aufregend.

Franz
Ich will Geld verdienen.

Ingeborg
Da stellst du dich aber ziemlich bescheuert an, selbst die 68er haben
inzwischen verstanden, wie das geht.

Franz
Das hat aber gedauert.
Anfangs haben sie sich vor die Fabriktore gestellt, ihre Parolen
gerufen und Flugblätter verteilt.

Die Arbeiter sind an ihnen vorbeigelaufen zum Parkplatz oder in
den nächsten Stehausschank und in die haben sie sich nie
reingetraut.
Weil das also nicht so recht klappte, haben sie sich an die Lehrlinge
herangemacht und ihnen eingeredet, sie würden ausgebeutet.

Ingeborg
Und da hat das System zurück geschlagen und Lehrlinge in
Auszubildende umbenannt.

Franz
So ist es, die vom Establishment waren ja auch nicht auf den Kopf
gefallen.
Allerdings haben ein paar tatsächlich ihre Lehre hingeschmissen und
suchten Unterschlupf in der revolutionären Bewegung.
Dort freilich hatte man sich inzwischen den Schülern zugewandt und
so standen sie bald ziemlich verlassen da.
Weil das aber mit den Schülern auch nicht so recht funktionierte,
haben die meisten sich auf ihre Privilegien besonnen und auf den
Geldbeutel von Papi und Mami, haben ihr Studium fortgesetzt und
vom langen Marsch durch die Institutionen gesprochen.

Ingeborg
Ein bißchen verkürzt, aber im Grunde nicht falsch dargestellt.

Franz
Ein paar gingen in den Untergrund, das ist richtig, und andere
suchten sich in den Kindergärten ihre Opfer, aber...

Ingeborg
Ist dir eigentlich nie aufgefallen, dass es keine Frauen gab in dieser
glorreichen Bewegung.

Franz
Ja ... aber später.
Baader Meinhof, die Rote Armee Fraktion.

Ingeborg
Ich red von 68.

Franz
Da fällt mir in der Tat kaum eine ein.
Rosi Rosi, die Ober...

Ingeborg
Vergiß es!
Du wirst keine finden, dafür aber heute weinerliche Memoiren wie
von diesem Franzosen, der mit der Tochter seines verstorbenen
Freundes die Stätten seines Ruhms abfährt und sie ins Leben
einführt.
Zum Erbrechen!

Franz
Du warst auch keine Heroine.

Ingeborg
Ich war eine dumme Gans, ich weiß.

Franz
Und du hast mich getroffen.

Ingeborg
Sag mal kannst du nicht wenistens von diesem verdammten
Computer aufschauen, wenn ich mit dir rede?

Franz
Er verbindet mich mit der Welt.

Ingeborg
Und ich?

Franz
Du bist da.
Warst schon immer da, seit ich mich erinnern kann.

Ingeborg
So selbstverständlich bin ich dir geworden?

Franz
Mehr als das.

Ingeborg
Du sprichst immer noch kaum von dir.

Franz
Ich bin scheu, wie ich es als kleiner Junge war.

Ingeborg
Alle sieben Jahre wirst du ein neuer Mensch

Franz
So leicht mach ich es mir nicht, und dir auch nicht.

Ingeborg
Ich weiß, doch werden wir es miteinander aushalten müssen.
Was machst du eigentlich

Franz
Ich verfolge den ersten Cyperwar im Internet.

Ingeborg
Du wirst feststellen können, wie eine Internetseite nach der
anderen abgeschaltet wird.

Franz
In totalitären Staaten vielleicht, bei uns ist das Internet frei.

Ingeborg
Frei zugänglich für jeden, der die technischen Mittel besitzt.
Das haben die Geheimdienste längst erkannt.
Das Internet ist der beste Überwachungsapparat, der von Menschen
je ersonnen wurde.

Franz
Das werden die Hacker verhindern.
Der Chaos Computer Club ...

Ingeborg
Träum weiter!
Ich ziehe den Stecker aus der Steckdose und dein Bildschirm
erlischt.

Du scheinst nicht zu ahnen wie zerbrechlich alles ist.
Aber sag mal, was gedenkst du jetzt mit deinen Kühlschränken zu machen?

Franz
Ich überlege noch.

Ingeborg
Eigentlich gefällt mir dein Einfall: die anderen exportieren ihren Schrott in die Dritte Welt und du reexportierst ihn wieder von dort.

Franz
China ist nicht mehr Teil der Dritten Welt.

Ingeborg
Da hast du recht, seit es mit den Amerikanern alle Klimaabkommen blockiert, ist es Teil der ersten.

Franz
Vielleicht finde ich einen Abnehmer in Paris, ich hab da einen Termin mit...

Ingeborg
Stehen die eigentlich jetzt so auf dem Berg oder sind sie noch im Container?

Franz
Spinnst du?!
Die Container kosten mich zu viel Miete.
Die sind ausgeladen.

Ingeborg
Ausgeladen?

Franz
Ein Teil steht in der Scheune, der Rest unter Planen.

Ingeborg
Aber das ist doch Schwachsinn!

Franz
Geht nicht anders.

Ingeborg
Und was hat dich der Spaß bis jetzt gekostet?

Franz
Viel.

Ingeborg
Wie viel?

Franz
Genug.

Ingeborg
Gib zu, es war und ist eine Schnapsidee.

Franz
Das läßt sich jetzt leicht sagen, aber ...

Ingeborg
Ich ...

Franz
Laß mich halt in Ruhe nachdenken.
Ich kriege das schon hin.

Ingeborg
Vielleicht solltest du zu jeden Kühlschrank ein Wildschwein
mitliefern, sind ja genug auf dem Berg.

Franz
Keine schlechte Idee.

Ingeborg
Zumindest ungewöhnlich.

Franz
Du kennst doch den Poppel, an den habe ich auch schon gedacht.

Ingeborg
An den?

Franz
Die Aktion in Weißen war nicht von schlechten Eltern.
Nachdem die Zehn ihre Notdurft in die Saale verrichtet hatten, hat
bis Magdeburg die Erde gebebt.

Ingeborg
Notdurft ist gut, in den Fluß haben sie geschissen.

Franz
Die zehn Häufchen haben mehr bewirkt als alle Proteste der
Umweltschützer gegen Gift- und Dreckseinleitungen durch die
Industriebetriebe.

Ingeborg
Ich weiß unser herziger Innenminister wollte sogar
Terrorismusalarm ausrufen und hätte am liebsten alle an die Wand
stellen lassen.

Franz
Klar und die Firmenchefs und beteiligten Kommunalpolitiker
heimsen anschließend das Bundesverdienstkreuz ein.

Ingeborg
Sie schaffen und erhalten Arbeitsplätze, das darfst du nicht
vergessen.

Franz
Sowieso.
Schön dass wir mal wieder so reden wie in alten Zeiten.

Ingeborg
Nur dass du auf vierhundert Kühlschränken sitzt.

Franz
Das ist wahr.
Mein Ausflug in die Geschäftswelt scheint fehlgeschlagen.

Alfons
Was ist fehlgeschlagen?

Franz
Das Wetter ist umgeschlagen, heute hätte die Sonne scheinen
sollen.

Alfons
Ist die Bärbel schon da?

Franz
Irgendwo im Haus.

Alfons
Und was stocherst du im Internet rum?

Franz
Ich hatte schon einen Computer, da hast du noch mit Playmobil
gespielt.

Alfons
Astari oder wie hieß der Schrott?

Franz
Ich hatte seit jeher einen Mac und dabei bin ich geblieben.
Windoof hat mich nie gereizt.

Alfons
Veranstalte keinen Religionskrieg.
Das überlassen wir unseren muslimischen Brüdern.

Franz
Vielleicht hast du schon mitbekommen, dass wir jetzt den ersten
Cyperkrieg haben.
Deine Donnerbüchsen brauchen wir nicht mehr.

Alfons
Da würde ich nicht drauf wetten, aber es stimmt, da tut sich was.

Franz
Ich habe schon lange darauf gewartet.
Keiner hat verstanden, was mit der Welt geschehen ist, seitdem es
Computer gibt.

Alfons
Wir sind alle dabei.
Was glaubst du, wie die Stimmung in den Unternehmen ist.
Da wachsen hunderte von Whistleblowern heran.
Keine Interna sind mehr sicher.

Franz
Aber man fühlt sich doch mit seinem Betrieb verbunden.

Alfons
Im Zeitalter der Globalisierung gibt es keine Solidarität mit der
Firma mehr.

Franz
Auch untereinander nicht?

Alfons
Jeder muß sehen, wo er bleibt.
Solange man die gleichen Interessen ist man solidarisch, darüber
hinaus gilt der Kampf Mann gegen Mann.

Franz
Das ist entsetzlich!

Alfons
Das ist die Wirklichkeit bei uns.
Du hast den Anschluss verpasst, alter Mann, und mit deinen
Kühlschränken wirst du die Welt nicht verbessern.

Franz
Die Kühlschränke sind kein Problem.

Alfons
Deine Achtundsechzigerträume sind gescheitert.

Franz
Träume können nicht scheitern, nur Menschen.
Und die finden stets einen neuen Weg.
Ein paar tausend Jahre Geschichte lehren uns dies.

Alfons
Wir befinden und an einem Scheitelpunkt.

Franz
Das mußt ausgerechnet du sagen.

Alfons
Du bist doch nur sauer, weil ich deine Tochter habe.

Franz
Behandle sie fair, sie ist ein großartiger Mensch.

Alfons
Jeder Mensch ist einzigartig und verdient eine Chance.

Franz
Dann meckere nicht an meinen Geschäften herum.
Davon verstehst du nichts.

Bärbel
Was verstehst du nicht?

Alfons
Die Geschäfte deines Vaters.

Bärbel
Die versteht keiner.
Mutter sagt, dass er mit dem Poppel verhandelt.

Alfons
Dem Poppel?

Bärbel
Sie wollen eine Kunstaktion machen.

Alfons
Mit Kühlschränken?
Der ist ja noch bekloppter, als ich dachte.

Bärbel
Unterschätz ihn nicht.
Der hat schon ganz andere Sachen gemeistert.

Alfons
Ich weiß, er ist dein Vater.

Bärbel
Natürlich ist er das.
Kommst du mit nach oben?

Alfons
Jetzt?

Bärbel
Wir sind nicht zum Streiten hier.

Franz
Der Alfons ist an der Internetgeschichte beteiligt.

Ingeborg
Zutrauen würde ich es ihm.

Franz
Er hat es mir gesagt.

Ingeborg
Weiß Bärbel davon?

Franz
Woher soll ich das wissen?
Aber wahrscheinlich hat er recht, es hat sich alles verändert.

Ingeborg
Du spinnst, nichts hat sich verändert.

Franz
Die Jungen leben in einer anderen Welt.

Ingeborg
He, Hallo, in der leben wir auch.

Franz
Aber mit anderen Erfahrungen, oder könntest du einen Satz
formulieren wie „Das Volk von Fremden, in deren Mitte wir leben.
Gesellschaft zu nennen, ist eine Anmaßung"?

Ingeborg
Das habe ich immer empfunden.
Was ist daran neu?
Lies die Bücher, die seit dem 18. Jahrhundert erschienen.
Sie erzählen genau das.
Allein für sich gestellt ist so ein Satz pubertäres Geschwafel, oder
fühltest du dich nicht allein, als du dich selbst entdecktest?

Franz
Das kann man nicht miteinander vergleichen.

Ingeborg
Und was man alles miteinander vergleichen kann.
Selbst Äpfel und Birnen.
Ich mag Äpfel.

Franz
In meiner Firma herrschte Gemeinschaftsgeist.
Die jobben nur noch.

Ingeborg
Und wer hat das verändert?
Du und deinesgleichen.

Franz
Du bist ungerecht.

Ingeborg
Stimmt, du bist rechtzeitig gegangen.

Aber das entschuldigt dich nicht.

Franz
Ich habe Geld heimgebracht.

Ingeborg
Das du jetzt verschleuderst.

Franz
Soll ich nur rumsitzen und warten, bis es weniger wird?

Bärbel
Wer sitzt rum?

Franz
Deine Mutter meint, ich solle mich bewegen.

Bärbel
Keine schlechte Idee, verkauf deine Kühlschränke!

Franz
Du bist stets auf ihrer Seite.

Bärbel
Ich krieg ein Kind.

Franz
Ein Kind in dieser Zeit?

Bärbel
Ein bißchen freuen hättest du dich schon freuen können, schließlich wirst du Großvater.

Franz
Bärbel, natürlich freue ich mich. Nur...

Bärbel
Klingt nicht überzeugend.

Franz
Ich weiß nicht, was ich sagen soll.
Hast du deine Mutter schon eingeweiht?

Bärbel
Noch nicht.
Aber das ist vielleicht dein Problem, dass du erst etwas sagst, wenn du weißt, was sie davon denkt.

Franz
Bin ich so ein schlechter Vater?

Bärbel
Ein schlechter Vater bist du nicht, nur unentschlossen und ein klein wenig feige.

Alfons
Wer ist feige?

Ingeborg
Ich hab gehört, dass du jetzt einen Aufstand planst.

Alfons
Der ist schon im Gange.

Ingeborg
Nehmt ihr jetzt die Ballermänner her und erschießt euch selbst?
Zeit wärs ja.

Alfons
Du magst mich nicht?

Ingeborg
So brauchst du das nicht ausdrücken.

Alfons
Wie dann?

Ingeborg
Konntest du keine andere Firma finden?

Alfons
Wo ist da der Unterschied?

Ingeborg
Na hör mal!

Alfons
Jetzt hörst du mir zu.
Deine Revolte ist vorbei.
Jetzt geht es anders zur Sache.

Ingeborg
Und du machst mit?

Alfons
Ich bin dabei, und nicht nur ich.
In allen Firmen geht es ähnlich zu.
Die Leute haben alle die Nase voll.
Wikileaks ist erst der Anfang.
Es gibt haufenweise Dokumente, die darauf warten, veröffentlich zu werden.
Dann wollen wir doch mal sehen, ob alles so weiter geht.

Ingeborg
Man kann die Wahrheit auch mit Informationen zuschütten.
Wenn jeder alles weiß, weiß keiner etwas.

Alfons
Seit zwanzig Jahren leben wir jetzt im Computerzeitalter und kaum einer hat verstanden wie grundlegend sich die Welt verändert hat.
Auch früher schon gab es mehr Informationen, als ein Einzelner fassen konnte.
Doch heute können Politik und Wirtschaft nichts mehr vertuschen.
Du würdest dich wundern, wenn du wüßtest, an wen wir liefern.

Ingeborg
Ich wundere mich über gar nichts mehr.

Alfons
Bisher hast du alles nur vermutet, aber sobald wir veröffentlichen,
weißt du es.

Ingeborg
Und was soll das bringen?

Alfons
Lügen und Ausflüchte werden sichtbar.

Ingeborg
Na toll!

Alfons
Es ist die Entwicklung hin zu einer offenen Gesellschaft.
Bald wird jeder die Fakten haben und kann sie verwenden.
Das ist auch eine Riesenchance für den Journalismus und wird ihn
grundlegend verändern.
Die Hofberichterstattung in den Medien verschwindet und mit ihr
jene, die aus ihrer Nähe zur Macht Profit herausschlugen.

Ingeborg
Du bist blind wie wir es waren.

Alfons
Wart ab.

Ingeborg
Polizei und Geheimdienste werden immer mächtiger werden.

Alfons
Hast du schon einmal darüber nachgedacht, warum für euch
Polizisten Gegner waren?

Ingeborg
Weil sie uns verdroschen haben.

Alfons
Wir werden sie auf unsere Seite ziehen.

Ingeborg
Wie?

Alfons
Indem wir ihnen Informationen in die Hand geben, damit sie
verstehen, das sie gegen ihre eigenen Interessen kämpfen.
In einem Land in dem Verfehlungen von Aufsichtsräten und Bankern
weniger gründlich verfolgt werden als Ladendiebstahl, herrscht
keine Gerechtigkeit.

Ingeborg
Das ist pathetisch!

Alfons
Mag sein, aber wenn Protokolle und Unterlagen öffentlich werden,
die aufzeigen wie schamlos sich viele über Gebote und Gesetze
hinwegsetzen, wird jede Rechtfertigung zur Phrase.

Ingeborg
Du bist ein Träumer.

Bärbel
Wer ist ein Träumer?

Ingeborg
Dein Zukünftiger ist noch bescheuerter als ich dachte.
Er will die Revolution machen, die uns nicht gelang.

Bärbel
Das ist doch lobenswert und dürfte dich freuen.

Ingeborg
Ich erbebe vor Glück.

Bärbel
Du solltest ihn nicht unterschätzen.
Er ist nachdenklich und zielstrebig, mehr als du glaubst.

Ingeborg
Ich täusche mich selten in Menschen.

Bärbel
Ich weiß schon länger, dass da was gärt in seiner Firma.
Und nicht nur da, sie haben ein ganzes Netzwerk aufgebaut.

Ingeborg
Und du machst dir keine Sorgen?

Bärbel
Alfons weiß, was er tut.
Hast du nicht immer gepredigt, dass man sich nicht alles gefallen lassen soll?

Ingeborg
Aber ....

Bärbel
Wir leben im digitalen Zeitalter, sie nutzen die neuen Medien und die lassen sich so oder so einsetzen.

Ingeborg
Wie seine Ballermänner.

Bärbel
Genau!

Ingeborg
Sag noch, er hat bei seiner Firma angefangen, weil er sie unterwandern wollte.

Bärbel
Der lange Marsch durch die Institutionen?
Bist du nicht auch der Meinung, dass die meisten da ein wenig ihre Orientierung verloren haben?
Wenn ich mir diese sechzigjährigen Greise anschaue, die behaupten, einmal auf die Straße gegangen zu sein, dann frage ich mich schon, was sie seitdem gemacht haben.
Die Revolte wendet sich gegen deine Generation.
Kapierst du das nicht?

Die ist nämlich inzwischen reaktionärer, als die ihrer Väter es war.
Erbärmlicher zumindest, die müssen nämlich keine Kriegslüge mit
sich herum schleppen, bloß eine Lebenslüge.

Ingeborg
Unbarmherzig.
Kennst du das Wort?

Bärbel
Niederträchtig hat Bernhard es genannt.
Übrigens bin ich schwanger.

Ingeborg
Auch das noch!

Bärbel
Das hat dein Mann auch gesagt.
Freu dich, du wirst Großmutter!

Alfons
Du hast mit beiden also schon darüber gesprochen?

Bärbel
Irgendwann mußte es sein.

Alfons
Und wie haben sie es aufgenommen?

Bärbel
Sie freuen sich.

Alfons
Laß uns ein paar Tage ans Meer fahren.

Bärbel
Ich verstehe nicht, warum es alle Bayern ans Meer zieht.

Alfons
Wir haben die Berge über.
So einfach ist das.

<u>Bärbel</u>
Na toll.

Ende.